LA
ROUTE FRANÇAISE
AU TONKIN

CANAL DE MALACA

AVANT-PROJET DE PERCEMENT DE L'ISTHME DE KRA OU DE MALACA
PRÉSENTÉ A M. F. DE LESSEPS LE 1er MAI 1883
ADRESSÉ A SA MAJESTÉ LE ROI DE SIAM LE 8 JUIN

CONFÉRENCE

Faite à la Société Académique Indo-Chinoise, dans sa Séance du 30 Mai 1883

PAR

M. le Cte A. MAHÉ DE LA BOURDONNAIS, Ingénieur,
EXPLORATEUR EN BIRMANIE ET SIAM,
MEMBRE DE LA SOCIÉTÉ ACADÉMIQUE INDO-CHINOISE.

AVEC UNE CARTE

PARIS
CHALLAMEL AINÉ, ÉDITEUR
LIBRAIRIE ALGÉRIENNE ET COLONIALE
5, RUE JACOB, ET RUE FURSTENBERG, 2
—
1883

LA

ROUTE FRANÇAISE

AU TONKIN

LA
ROUTE FRANÇAISE
AU TONKIN

CANAL DE MALACA

AVANT-PROJET DE PERCEMENT DE L'ISTHME DE KRA OU DE MALACA

PRÉSENTÉ A M. F. DE LESSEPS LE 1er MAI 1883
ADRESSÉ A SA MAJESTÉ LE ROI DE SIAM LE 8 JUIN

CONFÉRENCE

Faite à la Société Académique Indo-Chinoise, dans sa Séance du 30 Mai 1885.

PAR

M. le Cte A. MAHÉ DE LA BOURDONNAIS, Ingénieur,
EXPLORATEUR EN BIRMANIE ET SIAM,
MEMBRE DE LA SOCIÉTÉ ACADÉMIQUE INDO-CHINOISE.

AVEC UNE CARTE

PARIS
CHALLAMEL AÎNÉ. ÉDITEUR
LIBRAIRIE ALGÉRIENNE ET COLONIALE
5, RUE JACOB, ET RUE FURSTENBERG, 2
—
1883

SOCIÉTÉ ACADÉMIQUE INDO-CHINOISE

Séance du 30 Mai 1883

PRÉSIDÉE PAR M. LE MARQUIS DE CROIZIER

AVANT-PROJET DU CANAL MARITIME A NIVEAU DE L'ISTHME DE KRA

Conférence par M. le Comte A. Mahé de la Bourdonnais, Ingénieur, Explorateur en Birmanie et Siam, Membre de la Société Académique Indo-Chinoise.

Mesdames, Messieurs.

C'est après un séjour de huit ans aux Indes, en Birmanie et à Siam, que je viens pour la première fois faire une lecture en public et vous décrire un nouveau projet de canal maritime à niveau, pour traverser l'Isthme de Kra ou de Malaca; question fort importante depuis surtout que la France est engagée dans une colonisation sérieuse en Orient.

L'Isthme de Kra, entre la rivière Pakchan dans le golfe de Bengale et l'embouchure de la rivière Tayoung dans le golfe de Siam, n'a que 40 kilomètres de largeur de l'Ouest à l'Est, pendant la saison sèche qui dure environ 6 mois de l'année, et pendant la saison des pluies qui dure les autres 6 mois, il ne compte guère que 20 kilomètres à cause du débordement des fleuves sur les deux versants. Nous savons que la Cordillère Malaise, parcourant la péninsule du Nord au Sud, s'abaisse tout à coup par une pente rapide, et s'interrompt vers 10° 30' de latitude Nord pour ne se relever que par 10° 20'. La plus haute altitude dans ce passage est de 25 mètres au–dessus du niveau de la mer, c'est aussi sa dépression la plus considérable. Les versants de la ligne de faîte sont pénétrés de vallées parallèles qui vont se perdre vers la mer sous de profondes lagunes ou des bancs de sable. Au milieu de ces dépressions coulent de nombreuses rivières; elles accumulent des apports d'humus et d'alluvions considérables et inondent les plaines, plus particulièrement pendant la mousson du S.-O., de leurs arroyos dont les bouches, obstruées de barres de vase fluide, interrompent les travaux, causent des dégâts de toutes sortes, et rompent sans cesse les digues construites aux embouchures des fleuves.

Il est à remarquer que les apports d'humus et d'alluvions sont d'une nature tellement considérable qu'après chaque saison des pluies, ils présentent l'effet le plus désastreux et occasionnent des dépenses telles pour l'entretien des travaux de canalisation en particulier, qu'après quelques années d'exploitation je les ai vus abandonnés tant dans l'Inde en deçà, qu'au delà du Gange.

On calcule qu'il tombe dans l'Isthme de Kra 144 p⁰ˢ d'eau par an.

On ne doit pas perdre de vue que l'Isthme de Kra n'est formé en grande partie que d'argiles et terrains de transport dont la couche s'épaissit sans cesse, envahissant et gagnant tous les jours sur les marécages de la mer. La vallée de la Sa-oua jusqu'à Tasan, les plaines supérieures et inférieures du Tayoung sont couvertes entièrement d'alluvions, dont l'épaisseur atteint jusqu'à 12 et 15 mètres de profondeur.

La canalisation de l'Isthme de Kra par le cours du Tayoung dans lequel débouchent plus de 50 rivières ou arroyos, offre sans doute les plus grands inconvénients à cause des pluies torrentielles de ces régions, des terribles conséquences des inondations et des apports des fleuves. La nature ayant doté cette contrée de plaines d'alluvions aussi profondes, la question de la canalisation serait simplifiée si le tracé était fait immédiatement au Sud du Tayoung de façon à obvier à la principale difficulté de l'obstruction des travaux par les apports d'alluvions. Des digues, s'il en fallait, des brise-lames, etc., travaux qu'on retrouve dans toutes les entreprises, viendront en aide pour le reste. Il est facile d'abattre les bois de haute futaie qu'on traversera pendant environ un tiers du parcours et sans doute on rencontrera aussi quelques terrains granitiques, ce ne sera qu'une question d'un peu plus d'argent.

Les coolies qui font les terrassements dans ces pays sont des Siamois, Birmans, Malais, Chinois, Indiens, Karengs, Shans, Moïs, races industrieuses, hardies, tranquilles, ordonnées et soumises ; ces travailleurs se contentent d'une 1 2 roupie ou 1 fr. 25 par jour qu'on leur paye à la fin de chaque semaine.

Pendant huit ans, depuis 1874, j'ai été employé à toutes sortes de travaux publics, tant dans l'Inde qu'en Birmanie et Siam, en qualité d'ingénieur ordinaire. En novembre 1880 j'ai fait partie de la mission anglaise à Bankok, pour présenter au gouvernement siamois le projet de la construction d'une ligne télégraphique entre Tavoy en

Birmanie et la capitale du Siam ; parcourant toute la contrée au
Nord de l'Isthme de Kra pendant 20 jours sur une distance de plus
de 300 milles, à dos d'éléphant le plus souvent et le reste du temps à
pied ou en bateau. Mais pendant la saison des pluies, qui dure de
mai en octobre, toutes les passes des montagnes ainsi que des collines sont changées en torrents rapides et les plaines de toute la
région sont inondées, les routes sont inabordables et tout trafic est
arrêté pendant six mois.

De retour de cette exploration, nous avons commencé de suite la
construction de la ligne télégraphique entre Tavoy et Bankok, avec
deux troupes d'ouvriers d'environ 250 hommes chacune. L'une par-
tant de Tavoy vers Moulmein et Bankok du Sud au Nord, l'autre
dans la direction opposée de Moulmein vers Tavoy, en suivant le bord
du golfe de Bengale.

Avec l'aide de seize éléphants qui sont les bêtes de somme du pays et
qui se louent à raison de 60 roupies par mois, ou s'achètent au prix de
6 à 800 roupies en temps ordinaire, nous avons pu déboiser, déblayer
et construire, en 6 mois de temps, une route de 40 pieds de large
sur un parcours de 50 milles, de Tavoy du côté de Moulmein et
autant de Moulmein du côté opposé, mis les poteaux en place, tendu
le fil de fer, et construit aussi 10 milles de ligne télégraphique dans
la direction de Bankok.

La ligne de Moulmein a été terminée dans la saison suivante et la
ligne de Bankok était arrivée au 50me kilomètre, à la frontière
siamoise, vers la passe de Natyadoung, lorsque je suis rentré en
France.

Les rapports des majors Furlong et Fraser nous apprennent que
le col de l'Isthme de Kra est plus particulièrement formé de grès
quartzeux, et que le Tayoung y coule quelque temps au milieu de
rochers à nu, hauts de quelques mètres, en grès rougeâtres et con-
glomérats. Le Dr Oldham ajoute que sur la surface dénudée des
roches dures se rencontre une série de couches de conglomérés de
grès, d'argile schiteuse, tendre, sans cohésion, et de charbon. Ces
conglomérés ne sont jamais très gros, et les cailloux ne dépassent
pas quelques pouces de diamètre ; leur ciment se décompose à l'air
et se désagrège facilement, les grès sont fins, graveleux, caillouteux,
propres : sables blancs, quartzeux blancs ou terreux jaunâtres, les
couches d'argiles schisteuses sont d'un vert bleuâtre ou noirâtre et
disposées très régulièrement en lames minces et fréquemment répé-
tées qui s'exfolient et peuvent se rayer sous l'ongle.

Il est bon de noter que lorsque nous construisions la ligne télégraphique de Tavoy à Bankok, nous avions soin d'avoir à notre suite un pourvoyeur avec des provisions de toutes sortes, à la solde de l'administration qui avançait les sommes nécessaires aux achats et qui était sans cesse tenu de vendre au prix du marché. Les coolies y trouvaient à s'approvisionner de riz, de poisson salé et des autres denrées nécessaires à la vie; comme il n'est guère possible de se procurer quoi que ce soit à travers ce pays; en premier lieu, les denrées y sont fort rares. ensuite les peuples bouddhistes ne vendraient pas une volaille parce qu'ils sont fort superstitieux et croient à la métempsycose. Ces gens sont très pauvres, mais l'argent ne peut pas avoir raison de leurs préjugés; dans l'Inde on peut encore se procurer bien des choses. mais ici, il ne faut pas y compter ; il ne s'y trouve pour ainsi dire qu'une seule caste où les principes sont les mêmes.

Il est hors de doute qu'il conviendrait mieux de creuser le canal entièrement en dehors du Tayoung. pour éviter les apports de terrains d'alluvions que les crues et la vitesse des courants occasionnent toujours et surtout pendant l'hivernage. La création des ports d'accès et jetées ne demandera pas des constructions spéciales pour résister aux typhons qui dévastent les mers de la Chine. En effet, le major Furlong remarque que l'état des constructions anciennes, qu'il visita à l'embouchure du Tayoung, ne permettait pas de croire que ces parages fussent exposés aux mauvais temps. Le commandant Richards, dans ses rapports sur le golfe de Siam. constate que les grands vents sont presque inconnus sur ces côtes.

Des garages, barrages, ports de marée et jetées, devront être construits. mais cette partie technique de l'entreprise sera faite naturellement suivant les observations climatériques et l'hydrographie des côtes et, comme nous l'avons dit déjà, sera favorisée par l'estuaire du Pakchan et le golfe de Siam. Pour ce qui est des terrains, composés de grès et probablement de schistes. on peut présager également un travail relativement facile.

Dans l'ordre des choses probables, on rencontrera les couches de la surface composées d'alluvions et de terrains remaniés et friables. Cet accident est commun aux régions équatoriales, où les pluies acquièrent une intensité sans égale. et où la circulation des eaux superficielles finit par accumuler, même à de grandes hauteurs, des quantités énormes d'humus et de matières détritiques. Les eaux ont aussi une action dissolvante très énergique sur les roches et les désagrègent lentement.

A l'embouchure du Pakchan, la rivière est large de 3 kilomètres et pendant les premiers kilomètres ressemble à un bras de mer ayant des fonds de 12 et 13 mètres. Le cours du Pakchan, à 25 kilomètres de son embouchure, offre encore des fonds de 9 mètres puis de 5 mètres 50, au confluent de la rivière Lam-lu-young, qui est à 40 kilomètres de l'entrée du fleuve. Enfin au-dessus de cette rivière il a des profondeurs de 1 mètre 80 à 2 mètres. Si nous multiplions le développement linéaire du canal, par une section équivalente à celle adoptée pour Panama. soit 28 mètres de largeur au plan d'eau dans les roches dures et 56 dans les terrains tendres, c'est-à-dire une moyenne de 42. sur une profondeur de 8 mètres, et 22 mètres au plafond, nous obtenons pour notre projet de canal, sur une longueur de 50 kilomètres. bien que le tracé n'en marque que 47, la somme de 12.800.000 mètres cubes.

A l'appui du calcul ci-dessus, nous tirons du récit des explorateurs anglais un aperçu du peu de difficultés qu'offrira le sommet du profil. En effet. dans cette relation, nous remarquerons qu'ils ont atteint facilement au-dessus de Kra et sans signaler de montée appréciable, une plaine herbeuse d'où émergeaient des sources formant, à peu de distance les unes des autres, les ruisseaux qui constituent les régions du Pakchan et du Tseompéon. Ils constatèrent en outre que si la rivière de la Kra était encaissée, près de son origine, entre des berges de 9 mètres de hauteur, elle n'avait pas moins de 60 mètres de largeur avec une profondeur très faible non loin de Tasan, où ils la rencontrèrent pour la première fois.

De cette description. on peut. croyons-nous . tirer cette conséquence que le point de partage est peu élevé au-dessus du niveau de la mer. La différence d'amplitude des marées entre la mer des Indes et le golfe de Siam est de 3 mètres 50 à 3 mètres 70; et elle permet en somme de se rendre compte de l'importance du travail à entreprendre.

Cette appréciation est toute pratique et ne manquera pas d'être modifiée par le secours des puissantes machines à creuser. à déblayer. etc.; car il est douteux. selon notre expérience de ce pays. qu'on obtienne jamais 6.000 hommes en même temps. en s'en tenant aux gages de 1 roupie par jour et par homme. qui est le maximum qu'ils obtiennent à Rangoon pendant la saison d'exportation du riz. D'ailleurs l'insalubrité de la contrée ne permettrait guère une si grande agglomération sur ce parcours sans amener des fièvres pestilentielles et autres maladies engendrées par les exhalaisons miasmatiques des alluvions extraites et de la décomposion des arbres et buissons qu'on sera obligé d'abattre et d'empiler en attendant qu'on les brûle. La mortalité serait une des causes qui nuiraient le plus à l'exécution des travaux. Ces populations sont très susceptibles, et nous avons vu plusieurs fois, pendant nos travaux en Birmanie, des groupes de 50 à 100 hommes déserter, laissant les gages qui leur était dus, lorsqu'un des leurs était enlevé par la maladie, soit à la suite de la morsûre d'un serpent, ou de la chute d'un arbre, soit qu'il fût victime des fauves, ou de tel accident entraînant la mort.

Dans les autres parties de la Péninsule, la main-d'œuvre serait plus chère et l'on aurait plus de peine à se procurer le personnel nécesaire. Plus au Midi. les Birmans et les Siamois viendraient à manquer et les gages sont près du double dans les établissements anglais du détroit, les Malais ne s'accommodant pas aussi facilement au travail que les Birmans et les Siamois, ce qui fait que les émigrés chinois en profitent et monopolisent toutes les industries. Ils font ici le contraire de ce qu'ils pratiquaient à San-Francisco en Amérique : là ils se contentaient d'un salaire moindre que les Européens, ici, au contraire. les travailleurs manquant. il en profitent pour se louer à des conditions plus élevées et amener un renchérissement général.

Projet d'un canal maritime à travers l'Isthme de Kra
rédigé pour M. F. de Lesseps.

Le canal prendrait sept ans à contruire, en y employant 1.500 hommes la première année et 6.000 hommes pendant les 6 autres.

La première année serait consacrée au déboisement et à l'établissement de la ligne de tracé. soit 50 kilomètres de terrain à déboiser et déblayer sur 32 mètres de large. par 1.500 hommes à 1 roupie par jour et par homme × 180 jours seulement à cause de l'hivernage...... .... 270.000 Rp.

Achat de 20 éléphants à 1.000 roupies chacun.... 20.000 —

200 tentes et matériel........................... 10.000 —

Pendant 6 ans de 180 jours de saison. 50 kilomètres × 32 mètres de large à creuser sur 8 mètres de profondeur, soit 12.800.000 mètres cubes à 1 roupie.................................... 12.800.000 —

A reporter......... 13.100.000 Rp.

Report......... 13.100.000 Rp.

En doublant ce cube pour tenir compte de l'élé-
vation du sol au centre du tracé ; des travaux à
exécuter aux abords de la tranchée et en appliquant
le prix de 2 fr. 50 ou 1 roupie, affecté par la commission du congrès interocéanique de 1878 aux
déblais des terrains meubles ainsi qu'aux dragages
du Pakchan qui a des fonds de 6 à 18 mètres, on
augmente la dépense de...................... 12.800.000 —
    Pour le matériel, outillage, machines.......... 460.000 —
    Pour l'expropriation de terrains sur le tracé..... 100.000 —
    Indemnité au roi de Siam pour droit de cession.. 1.000.000 —
    Intérêts de l'argent pendant la construction.. ... 3.900.000 —

Total en roupies... ..... 31.360.000 Rp.

Revenus :

Le tonnage général de Singapour qui sert de base était, en 1878,
comme suit :
    Tonnage moyen anglais et français .... 464.000 tonnes
    Tonnage des autres marines européennes....... 200.000 —
    Tonnage américain .... 173.000 —

Ensemble.............. 837.000 tonnes

La première commission du congrès en 1878, dans une de ses
séances, a fixé à 5 0/0 l'accroissement moyen et annuel du commerce
maritime en général. L'exécution d'un canal à travers l'isthme
n'exigeant pas moins de 7 années ; vu l'état actuel de la question, on
pourrait reporter à 1890 la valeur que nous venons de donner au
tonnage général, augmenté de la plus value de 5 0/0 par an.
    Estimation du tonnage (1878)................ 837.000 tonnes
    Augmentation 5 0/0 par an pendant 12 ans..... 502.200 —

Grand total .... 1.339.200 tx.

En estimant le tonnage à 1.500.000 sans exagération et le transit
à 4 fr. par tonne on a 6.000.000 fr., ou le revenu de 120.000.000 fr.
à 5 0/0. Les passagers paieront aussi un droit de transit proportionné
à celui qu'ils paient au canal de Suez.
Ce produit est motivé par la réduction de 4 jours de parcours et de

50 0/0 des dépenses que la traversée de l'isthme, comparée à la navigation par le détroit de Malaca, procurera aux navires. On calcule que les compagnies des Messageries Maritimes et du Péninsular and Oriental, consommeront en moins dans ce parcours pour environ 1.000.000 fr. de charbon par an pour 104 voyages qu'elles exécutent par Singapour.

Ce qui représente une économie de 500.000 fr. par compagnie, chaque grand bâtiment brûlant environ 2.500 fr. de charbon par jour. L'économie obtenue pendant 4 jours en moins pour les dépenses afférentes au service du navire suffiront à payer le transit qui, pour un navire de 2.000 tonneaux à 4 fr., égale 8.000 fr. et qui est égal aux dépenses qu'il a à supporter en plus de son charbon pendant ces 4 jours.

Un navire de 2.000 tonneaux de jauge consomme 45.000 kil. de charbon par jour à 55 fr. par tonne. ce qui donne les 50 0/0 d'économie.

Les distances entre les divers points et la nature des terrains peuvent se décomposer de la manière suivante :

1° Dans le Pakchan, 34 kilomètres d'alluvions et de vases récentes à draguer, dont 21 kilomètres sous une épaisseur d'eau moyenne de 2 mètres ;

2° La tranchée en berge et le seuil formant à peu près 12 kilomètres jusqu'au midi de Tasan sur le Tayoung et 9 kilomètres en plus jusqu'à la rivière Klong. dont une partie en terrain d'alluvion. le reste est composé de rochers. de grès et de schistes décomposés à la surface, mais que l'on pourra découvrir plus durs en dessous du sol et s'élevant graduellement jusqu'à 25 mètres de hauteur :

3° La tranchée parallèle au Tayoung. du Klong au Ploug. jusqu'au point où la marée cesse de se faire sentir, ensuite continuant jusqu'au Sud de Phai. sur un parcours de 12 kilomètres. depuis la rivière Klong où il faudra se frayer un passage au travers de terrains granitiques. mais il est possible qu'ils n'aient pas en dessous du thalweg une grande cohésion. étant pénétrés par les eaux du fleuve et les nappes d'infiltration ;

4° La tranchée parallèle au Tayoung, du Sud de Phai à l'embouchure du fleuve. pendant un parcours de 14 kilomètres.

Total pour le canal proprement dit à travers l'Isthme. de l'embouchure de la Sa-oua sur le Pakchan, dans le golfe de Bengale jusqu'à l'embouchure du Tayoung dans le golfe de Siam : 47 kilomètres.

Pour le calcul des cubes, nous avons pris les sections adoptées au canal de Panama, soit un talus de 1/8 et 1/10 dans les rochers et de 2 sur 1 pour les terrains friables. Ces inclinaisons seront plus que suffisantes.

En réunissant au profil sur le Pakchan compté au 34e kilomètre de son embouchure, le canal en berge, la tranchée du seuil, la tranchée au Sud du Tayoung jusqu'au golfe de Siam, on obtient un cubage de 25.600.000 mètres, comme nous l'avons expliqué d'autre part.

L'adoption du canal, parallèle comme tracé définitif, imposera la nécessité de régler les affluents. de les récolter ou de les diriger sur le golfe de Siam par des rigoles latérales.

Quoi qu'il en soit, toutes ces considérations numériques sont loin d'une certitude absolue ; mais on reconnaitra, nous l'espérons. qu'elles sont aussi près que possible des probabilités, selon les prévisions et les résultats des observations pratiques. Nous avons voulu exposer un programme et démontrer l'opportunité d'une entreprise qui s'imposera dans un prochain délai en raison du progrès constant des échanges et de l'activité humaine et que l'Angleterre ne laissera pas languir, si la France ne sait pas en profiter et qui est si importante pour elle.

Cet exposé ne donne qu'un aperçu du projet. mais il suffit. pour appeler l'attention et faire entrevoir la praticabilité de l'œuvre, le tracé le plus certain et par suite celui qui offre le plus de chances de succès. Des détails plus complets, accompagnés de sections et profils de tranchées qui auraient permis d'estimer le cube à enlever, n'ont pu être présentés pour le creusement du canal, faute de nivellements de précision.

Il est facile de constater qu'aucun ingénieur n'a donné des détails aussi nombreux et envisagé la question sous ces différents points de vue. faute à eux sans doute, d'avoir étudié ces contrées d'une manière assez pratique, d'y avoir séjourné pendant l'année tout entière dans l'intérieur des terres et de n'avoir pu constater d'une manière exacte les grands changements de l'aspect du pays et de ses variations physiques et climatériques. Les travaux télégraphiques, les travaux des mines. la construction de la nouvelle ligne de chemin de fer dans la vallée du Sittang, dont j'ai fourni les premiers plans et qu'on construit actuellement. les canalisations et autres travaux importants que j'ai faits tant dans l'Inde qu'en Birmanie, et la connaissance des hommes et des choses me permettent d'entreprendre sans hésiter des opérations auxquelles je suis accoutumé.

Pour l'altitude des collines au Sud du Tayoung, je les tiens des indigènes qui traversent fréquemment l'isthme; ensuite du Major Furlong, que j'ai connu à Moulmein, où il est Deputy commissioner (lieutenant gouverneur) et président du conseil municipal. Il est le premier Européen qui ait traversé le pays, il a de plus tracé un projet de chemin de fer à travers l'isthme et je continue à être en rapports avec lui.

Quel que soit l'état actuel des connaissances géographiques sur la question, il n'existe pas de travaux assez complets pour qu'il ne soit pas permis de procéder encore à un nouvel examen appuyé sur des nivellements et des sondages qui détermineront définitivement le tracé qu'il conviendra de suivre.

Tout en exposant les difficultés de cette entreprise, nous sommes convaincus qu'elle est praticable. Nous ne pouvons oublier d'ailleurs que Bankok, qui verrait accroître ses richesses, est la tête de route du Yun-nan par le Meinam et que cette voie est destinée à faire concurrence au tracé Anglo-birman par l'Irraouaddy, Bamho et Talé-fou ; ce n'est cependant pas une raison pour ne pas nous intéresser à la Birmanie, dont le gouvernement demande à entrer avec nous en relations amicales. Mandalay, capitale de la Birmanie, traite avec Lyon des affaires de soieries importantes. Il est donc urgent qu'un personnel consulaire intelligemment choisi y soit installé, et que nos nationaux aient la même situation que les Italiens qui y ont un consul.

L'exécution de ce projet ne sera pas sans avoir un résultat considérable pour la prépondérance de nos colonies dans les mers de la Chine, par suite du développement des routes dans les bassins du Meikong et du Song-Koi, ou fleuve rouge, vers le centre de la Chine, et l'extension du commerce de nos ports de la Cochinchine et de l'Annam ; surtout depuis que nous sommes appelés à nous établir définitivement au Tonkin, nos intérêts sont rendus solidaires de ceux de tous les peuples de l'Orient et de ceux de toutes les nations maritimes.

Dans toutes ces circonstances, la France ne manquera pas d'en tirer des avantages sérieux par l'exploitation, par suite du grand essor que prendront les différentes routes des royaumes de Birmanie, de Siam, d'Annam, du Tonkin, de la Chine et du Japon.

Pour obtenir de bons résultats, la France ne saurait rester désormais indifférente à aucun des événements politiques de l'Asie Orientale, sans tomber au dernier rang des grands nations. Mais, avec de la modération et de la fermeté en même temps, Saïgon s'agrandira par sa situation propice à l'entrée de la mer de la Chine et deviendra, dans un prochain avenir, le New-York de la France dans le Far-East et comptera au nombre des capitales des deux mondes; elle nous donnera un empire colonial qui ne laissera rien à envier aux Anglais.

Les efforts combinés des peuples pour l'amélioration des voies commerciales marqueront la dernière période des annales du XIXᵉ siècle, et les hommes de nos jours pourront dire qu'ils ont vécu le double de l'âge de leurs pères en considérant les grands progrès qu'ils ont amenés en quelques années, en rapprochant les distances, en accélérant le commerce général et en multipliant les rapports fréquents entre tous les peuples du monde.

Distances kilométriques du projet parallèlement au Sud de la rivière Tayoung.

De l'île Dalisle à la pointe Victoria	35 kil.
De la pointe Victoria à la rivière Kaou-maou	34 —
De la rivière Kaou-maou jusqu'à la rivière Sa-oua	25 —
De la rivière Sa-oua jusqu'au Midi de Tasan	12 —
De Tasan jusqu'à la rivière Klong	9 —
De la rivière Klong jusqu'au point où s'arrête la marée	4 —
De la rivière Plong où s'arrête la marée jusqu'au Midi de Phai	8 —
De Phai jusqu'au golfe de Siam	14 —
De la pointe Victoria au golfe de Siam par le tracé	106 —
De l'île Dalisle au golfe de Siam, par la rivière Sa-oua	141 —
Le canal de la rivière Sa-oua jusqu'au golfe de Siam	47 —

Compte-rendu du journal *La Ville de Paris.*

Vendredi, 1ᵉʳ juin 1883.

La Société académique Indo-Chinoise, dans sa réunion mensuelle de mai, tenue le 30, a été très intéressante.

Parmi l'assistance, la légation de Chine était représentée par deux de ses membres.

M. Marre, ancien secrétaire-général, a lu un travail érudit sur l'Arakan (Birmanie). M. Marre mérite, sous tous les rapports, nos vives félicitations pour ses études sur l'Extrême-Orient.

M. le comte Mahé de la Bourdonnais, un voyageur modeste et savant, a présenté ses propres études sur le percement d'un canal maritime dans l'isthme de Kra (Malaca), et qui a été vivement applaudi.

M. F. Deloncle a pris ensuite la parole pour annoncer le retour des ingénieurs envoyés en mission à Bankok et à la presqu'île de Malaca.

M. Léon Feer, a fait de très intéressantes remarques et descriptions sur les monuments cambodgiens et les inscriptions récemment arrivées à Paris.

M. Millot a aussi parlé du Tonkin et des derniers événements qui sont venus douloureusement impressionner la France (la mort du commandant Rivière).

D'après M. Millot et l'honorable M. Dupuis, présent à la réunion, les craintes sur la solution de la question du Tonkin sont plus qu'exagérées et ces Messieurs espèrent qu'avec une prompte répression, à la cour de Hué, tout rentrera dans l'ordre pour ne plus en sortir.

Que le gouvernement veuille bien tenir compte de l'expérience de nos concitoyens, acquise dans ce pays, et qu'ils la mettent patriotiquement au service de leur patrie.

Tableau comparatif des canaux maritimes exécutés, en cours d'exécution et projetés.

CANAUX	Longueur du tracé	Hauteur du point culminant	Cube du déblais	Dépense	Dépense totale intérêts compris pendant l'exécution	Profondeur d'eau	Largeur du plafond	Largeur au plan d'eau en terrains tendres
	Kilomètres	Mètres	Millions	Millions	Millions	Mètres	Mètres	Mètres
Suez	165 "	20	74	225	300	8.50	22	58
Panama	73 "	87	73	430	600	8.50	22	56
Corinthe	6 100	87	27	53	63	8.50	22	30
Kra, projet de M. F. Deloncle (1)	111 "	25	30	80	"	8.50	22	55 à 60
» » M. L. Dro	100 "	30	30 ou 38	80 à 100	"	8.50	22	56
» » M. A Mahé de la Bourdonnais	106 "	25	26	65	75	8.50	22	56
» » au compte du roi de Siam	106 "	25	26	20	25	8.50	22	56

(1) Données approximatives des projets.

Bar-le-Duc. — Typ. L. Philipona et Cie — 668

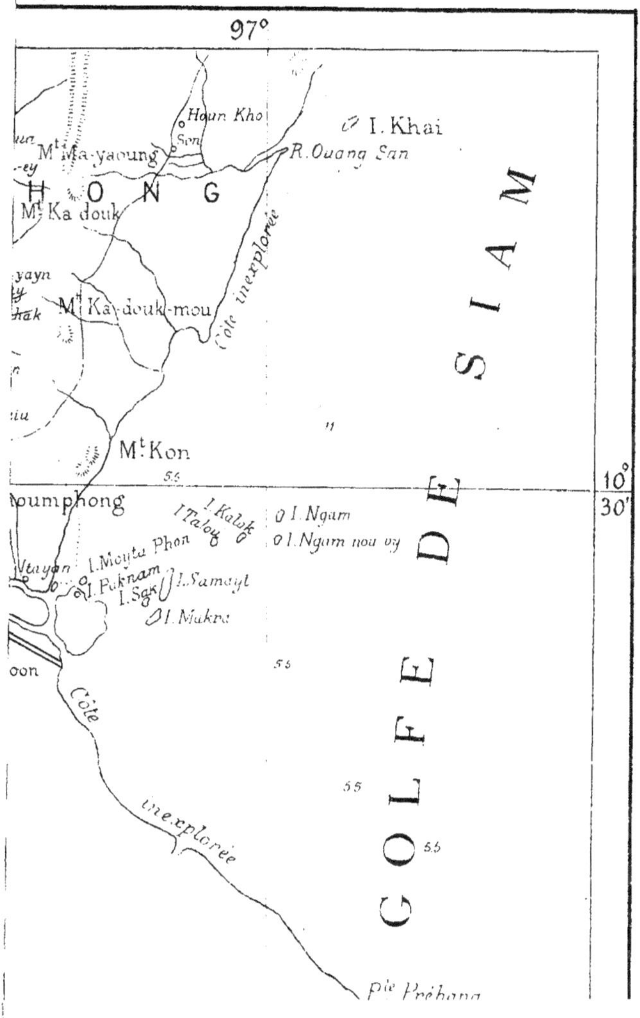

97°
Houn Kho
Son
I. Khai
M.t Ma-yaoung
R. Ouang San
H O N G
M.t Ka douk
Côte inexplorée
yayn
M.t Ka douk-mou
ak
M.t Kon
S I A M
10°
30'
oumphong
I. Kalok
I. Talou
0 I. Ngam
0 I. Ngam nou oy
Vuayan
I. Moyta Phon
I. Paknam
0 I. Samayl
I. Sgk
0 I. Makra
oon
Côte
G O L F E   D E
inexplorée
55
55
55
55
P.te Préhana

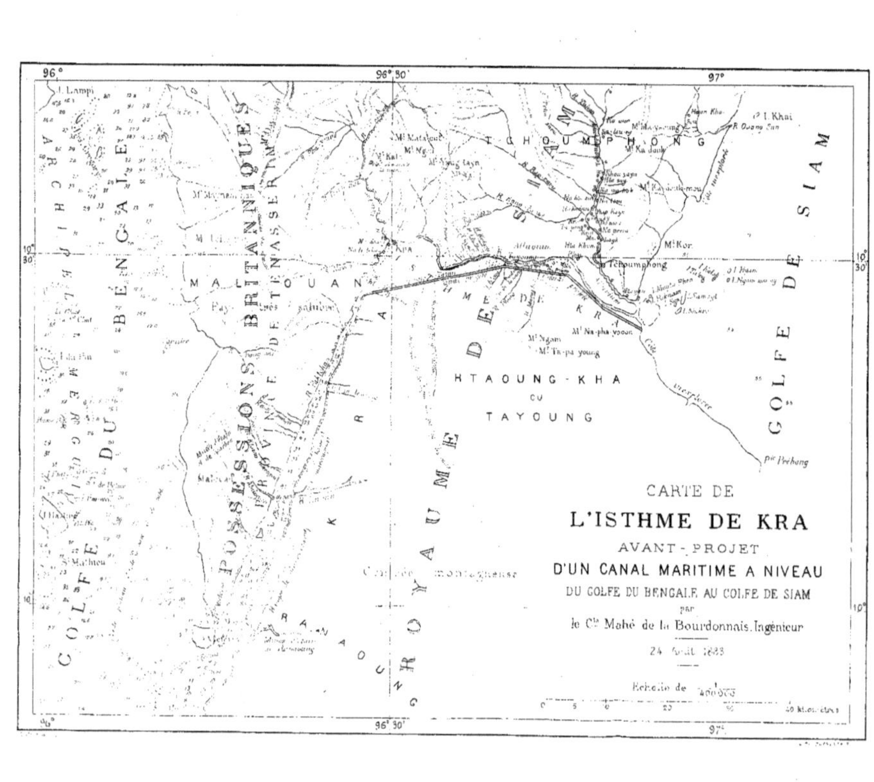
96°
96° 30'
97°
I. Lampi
ARCHIPEL DE MERGUI
GOLFE DU BENGALE
POSSESSIONS BRITANNIQUES
PROVINCE DE TENASSERIM
MALTEOUAN
Pay
K R A
K R A N
KRA NAOUNG
ROYAUME DE SIAM
M. Matalou
M. Na
Kal
M. Nyong Layn
M. Sinnanh
TCHOUMPHONG
M. Ida-young
Ngan Kha
I. Khai
R. Ouang-fan
M. Ka-douk
M. Ka-jiou-le-mou
M. Kor
Tchoumphong
MER DE KRA
M. Ngam
M. Ta-pa-young
M. Na-pha-vooun
HTAOUNG-KHA
ou
TAYOUNG
Coulée montagneuse
GOLFE DE SIAM
P. Prehong
CARTE DE
L'ISTHME DE KRA
AVANT-PROJET
D'UN CANAL MARITIME A NIVEAU
DU GOLFE DU BENGALE AU GOLFE DE SIAM
par
le C. Mahé de la Bourdonnais, Ingénieur
24 Août 1883
Echelle de 1/400000
0   5   10   20   40 kilomètres
10°
30'
10°
30'
10°
10°